Predicciones ecológicas

Recopilación de datos

Diana Noonan

Créditos de publicación

Editora
Sara Johnson

Directora editorial
Emily R. Smith, M.A.Ed.

Editora en jefe
Sharon Coan, M.S.Ed.

Directora creativa
Lee Aucoin

Editora comercial
Rachelle Cracchiolo, M.S.Ed.

Créditos de imagen

La autora y los editores desean agradecer y reconocer a quienes otorgaron su permiso para la reproducción de materiales protegidos por derechos de autor: portada Shutterstock; título Shutterstock; págs. 4–5 Shutterstock; págs. 7, 9 Shutterstock; pág. 11 (arriba) Shutterstock; pág. 11 (abajo) Jupiter Images/Photos.com; pág. 12 IStock Photos; pág. 14 Jupiter Images/Photos.com; págs. 15–16, Shutterstock; pág. 19 Shutterstock; pág. 20 IStock Photos; pág. 23 Shutterstock; pág. 24 Alamy; pág. 26 IStock Photos; pág. 27 (arriba) Istock Photos; pág. 27 (abajo) Shutterstock; pág. 29 Alamy. Ilustraciones en págs. 9, 17 y 21 por Xiangyi Mo.

Teacher Created Materials
5301 Oceanus Drive
Huntington Beach, CA 92649-1030
http://www.tcmpub.com
ISBN 978-1-4938-2939-2

Made in China
YiCai.032019.CA201901471

Contenido

Se necesita ayuda

¡Deprisa! Hay 2 **ecosistemas** que necesitan ayuda. Se ha llamado a los expertos. Primero, recopilarán datos. Luego, usarán esos datos para realizar **predicciones** sobre los problemas. Por último, planificarán formas de ayudar a los ecosistemas.

Unámonos a ellos. Primero, recopilarás y estudiarás datos sobre un arroyo.

Datos

Los datos son información. Los datos pueden mostrarse en tablas, cuadros y gráficos.

Arroyo Claymont

El arroyo Claymont solía ser un lugar para pescar favorito de las personas. Los niños pescaban allí usando gusanos como carnada. Los adultos disfrutaban pescar con mosca. Pero ahora nadie va allí. Quedan pocos peces.

Un cuento que da mala espina

"Hace cinco años, podía ir de pesca y volver a casa con 3 buenos pescados. Durante los últimos años, pesqué menos peces. Ahora, no voy al arroyo Claymont porque los peces ya no pican más".

Cita de Tom, un pescador local del arroyo Claymont

¿Dónde están los peces?

Los miembros del Club de Pesca de Claymont miran los resultados del concurso anual de pesca. Están preocupados. ¿Dónde están todos los peces?

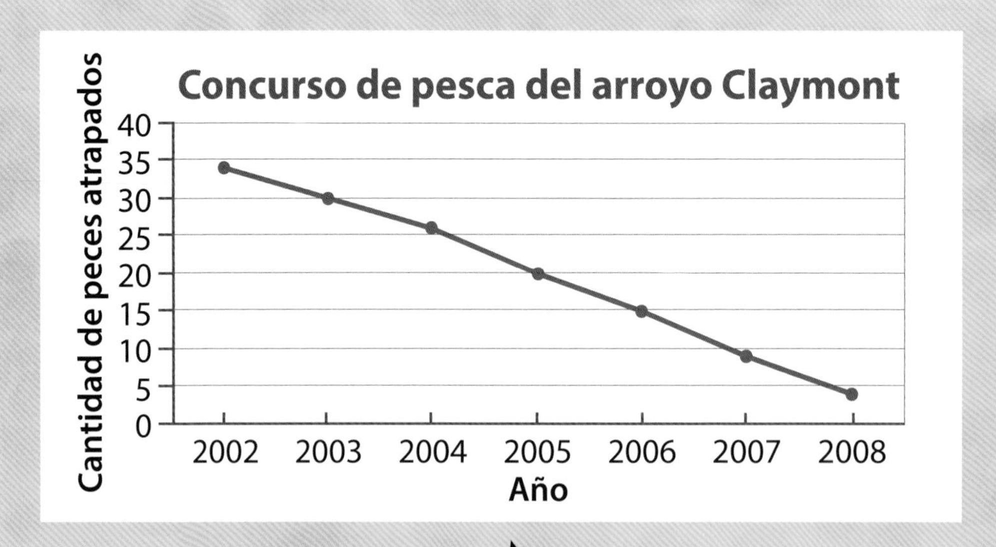

Exploremos las matemáticas

Observa los resultados del concurso del club de pesca. Usa el gráfico de líneas para calcular los datos faltantes en este cuadro.

Año	2002	2003	2004	2005	2006	2007	2008
Peces capturados	34		26		15		4

Las personas de Claymont están preocupadas por el ecosistema del arroyo Claymont. El club de pesca estudia la **cadena alimentaria** del ecosistema del arroyo para ver cómo una menor cantidad de peces puede cambiar la vida del arroyo.

Cadena alimentaria del arroyo Claymont

Llamemos al experto

El alcalde de Claymont pide ayuda a Mei Chan. La Srta. Chan es **guardia** forestal. Ella analiza un mapa del arroyo para ver qué puede estar causando los problemas. Luego, predice algunas razones para la disminución en la cantidad de peces. Ella elabora un diagrama de estrella con sus predicciones.

Disminución de la cantidad de peces

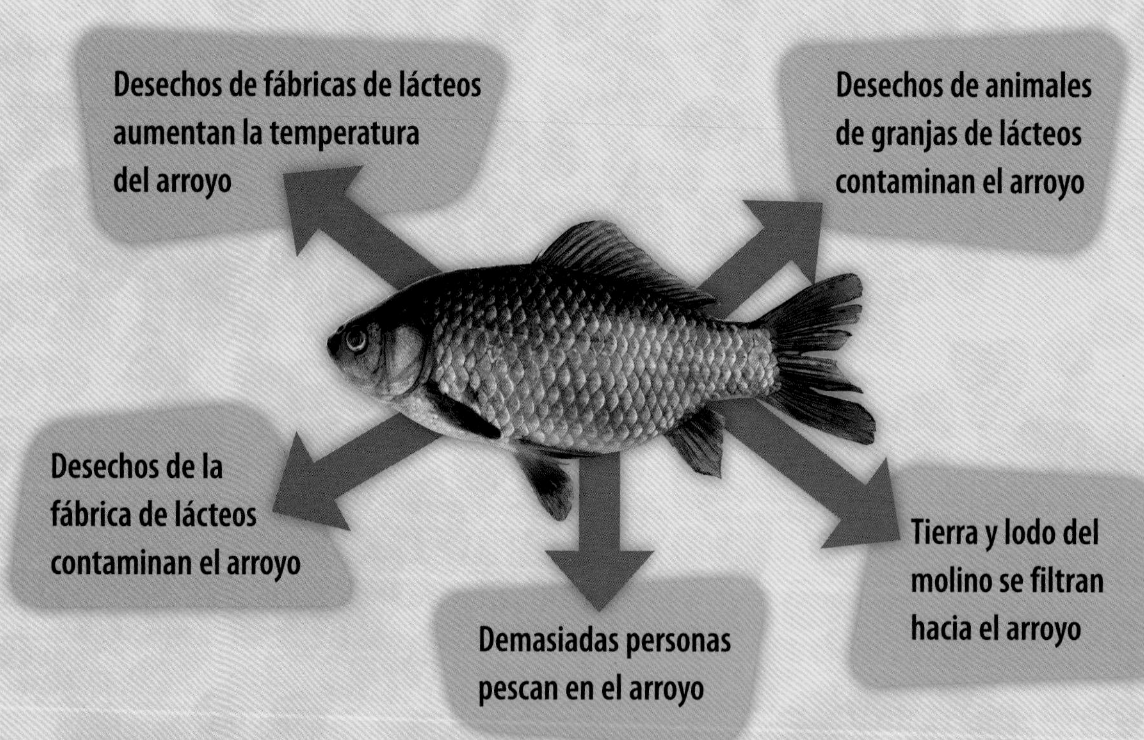

La Srta. Chan recopilará datos en el arroyo Claymont. También necesita datos sobre el ecosistema del arroyo. Esto la ayudará a encontrar respuestas.

Mapa del arroyo Claymont

El molino

El molino de Claymont convierte los granos en harina. Se usa agua del arroyo para generar energía para las máquinas del molino. Para obtener el agua, el molino está construido justo en la orilla del arroyo. Esto podría hacer que la orilla se erosione. El lodo y la tierra pueden deslizarse hacia el arroyo.

Recopilación de datos

Temperatura del agua

Primero, la Srta. Chan toma la temperatura del agua del arroyo todos los días durante una semana. Luego, toma la temperatura del agua de 3 arroyos cercanos. Elabora una tabla con los datos y **compara** los resultados. Las temperaturas del agua son casi las mismas. Entonces, **concluye** que la temperatura del agua no está causando el problema.

Resultados de temperatura

Arroyo	Temperaturas promedio en mayo en grados Celsius
arroyo Wattle	12.3 °C
arroyo Luke	13.1 °C
arroyo Chattel	11.2 °C
arroyo Claymont	11.9 °C

EXPLOREMOS LAS MATEMÁTICAS

Observa las temperaturas promedio para los 4 arroyos.

a. Redondea las temperaturas a los grados Celsius más cercanos.

b. Elabora una tabla ordenando estas temperaturas de la más alta a la más baja.

¿Agua limpia?

Entonces, la Srta. Chan realiza pruebas al agua del arroyo Claymont para ver cuánta tierra hay en ella. El agua es transparente. Entonces el molino no es la razón por la que hay menos peces en el arroyo.

Entonces, la Srta. Chan realiza pruebas para saber qué tan limpia está el agua. Los resultados son normales para un arroyo. La **contaminación** no parece ser un problema.

Vida en el arroyo

Vida animal

La Srta. Chan también recopila datos sobre la vida de los animales del arroyo. Nada en una parte del arroyo y cuenta los peces o las ranas que ve. Luego, la Srta. Chan usa una red para atrapar renacuajos. Los cuenta y los deja en su lugar.

La Srta. Chan también estudia los insectos que hay en el arroyo. Pone los datos en una tabla.

Resultados de insectos

Insecto	Muestra 1	Muestra 2	Promedio
barqueros de agua	22	19	20.5
insectos tejedores	18	21	19.5
libélulas	1	1	1

La Srta. Chan registra todos los estudios de animales en un gráfico de barras.

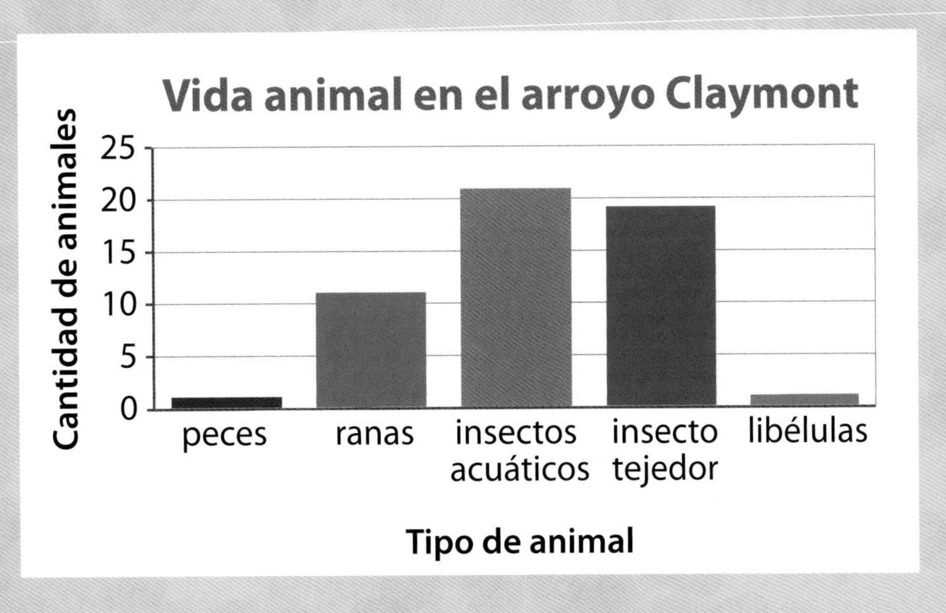

El arroyo Claymont tiene muchos insectos acuáticos. La cantidad de ranas también es alta. No hay suficientes peces para comer los renacuajos e insectos. Pero la cantidad de libélulas está disminuyendo. Esto se debe a que las ranas comen libélulas. Cuando hay más ranas, hay menos libélulas.

Vida vegetal

La Srta. Chan recopila datos de las plantas del arroyo.

En el arroyo Claymont, las plantas crecen rápidamente porque hay pocos peces que se alimenten de ellas. La Srta. Chan predice que las plantas atascarán el arroyo. Esto puede provocar inundaciones en el futuro.

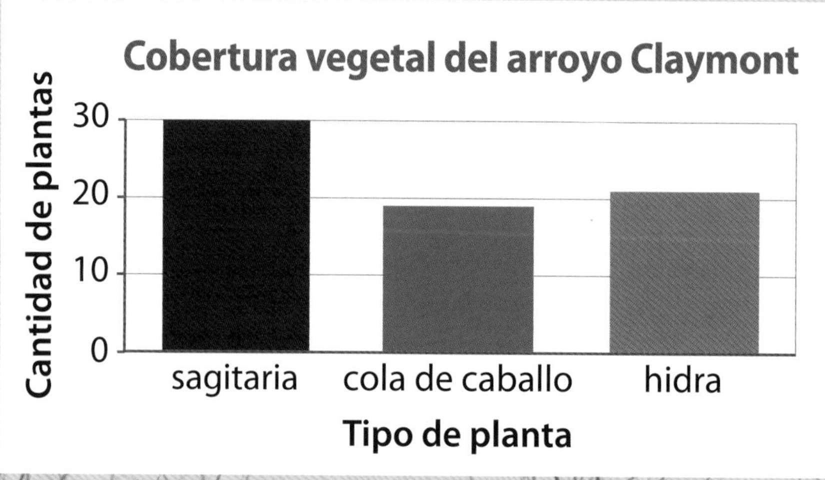

Las predicciones pueden convertirse en soluciones

La Srta. Chan **revisa** su diagrama de estrella y analiza los datos. La temperatura del agua no es un problema para el arroyo. No hay contaminación de los desechos de animales ni de las fábricas. Y el agua está libre de tierra y lodo. Entonces, la Srta. Chan concluye que el problema es la sobrepesca. Las personas pescan demasiados peces en el arroyo Claymont.

La Srta. Chan comunica al Club de Pesca de Claymont que deben **prohibir** la pesca durante 3 años. Después de eso, las personas solo podrán pescar cantidades más pequeñas de peces. Ella además dice que se deben sacar algunas plantas. Así el arroyo podrá fluir adecuadamente.

El futuro

Los miembros del Club de Pesca de Claymont pusieron carteles que dicen "No pescar". Luego, sacaron algunas plantas del arroyo. Esto hace que el arroyo continúe fluyendo.

Con el tiempo, el ecosistema del arroyo Claymont mejorará. En algunos años, las personas volverán a pescar.

Problemas en el bosque

Ahora, deberás recopilar y estudiar datos sobre el bosque de Mainsville.

La reserva de Mainsville es parte del bosque de Mainsville. Una reserva es un lugar donde los animales y las plantas están **protegidos**. No se pueden cazar. Allí viven muchos venados, aves e insectos. Muchas personas del Club de la Naturaleza de Mainsville visitan la reserva.

Bosque de Mainsville

Estudio de aves

Los miembros del Club de la Naturaleza de Mainsville estudian 3 **especies** de aves en la reserva. Cuentan la cantidad de cada especie que ven. Lo hacen durante 5 años. Luego, elaboran gráficos, como el siguiente, con sus datos.

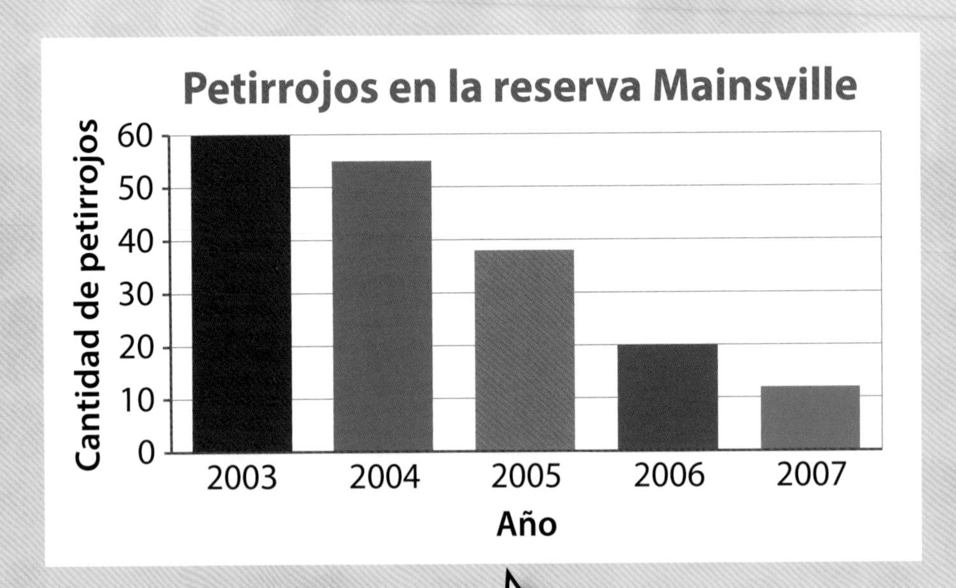

EXPLOREMOS LAS MATEMÁTICAS

Observa el gráfico de arriba.

a. ¿Entre cuáles 2 años disminuyó más la cantidad de petirrojos?

b. ¿Alrededor de cuántos petirrojos había en el 2004?

c. ¿Aumentó la cantidad de petirrojos en algún año?

d. ¿Alrededor de cuántos petirrojos más había en el 2004 que en el 2007?

Predicciones sobre aves

Los observadores de aves miran los gráficos. Predicen que la cantidad de aves seguirá disminuyendo. ¿Está disminuyendo la cantidad solo en la reserva? ¿Cuál es la cantidad de aves en el bosque de Mainsville?

Los observadores de aves comienzan a contar las aves que hay en el bosque. Los datos son sorprendentes. ¡Hay muchas más aves fuera de la reserva que dentro de ella!

Tu predicción

¿Puedes predecir por qué la cantidad de aves disminuye en la reserva? Antes de pensar en una respuesta **precisa**, quizás necesites más datos.

Ayuda de expertos

¿Qué les sucede a las aves de la reserva? Se necesita la ayuda de expertos. Los miembros del club de la naturaleza le piden ayuda al científico dedicado a la vida silvestre, Alex Brown.

El Sr. Brown necesita recopilar datos. Elige 2 áreas del bosque para estudiar. Las llama *Área A* (en la reserva) y *Área B* (fuera de la reserva).

¡Alerta de insectos!

Los **entomólogos** también están preocupados. Si la cantidad de aves está disminuyendo, ¿aumentará o disminuirá la cantidad de insectos?

Datos de plantas

Primero, el Sr. Brown estudia las plantas. Usa una cuerda para delimitar una cuadrícula en cada área que estudia. Recopila datos sobre cuánto espacio ocupa cada tipo de planta en la cuadrícula.

Esta es una de las áreas que el Sr. Brown estudia fuera de la reserva.

Esta es una de las áreas que el Sr. Brown estudia dentro de la reserva.

Resultados de plantas

El Sr. Brown observa los datos en el Área A y el Área B. Hay menos plantas dentro de la reserva que fuera de ella. Esta diferencia está causando la disminución de las aves. La mayoría de las aves del bosque comen semillas y frutas. La tierra despejada significa que hay menos alimento para que coman las aves. Pero esto también lleva a una nueva pregunta: ¿por qué hay menos plantas en la reserva?

Arbustos de cornejo en el bosque de Mainsville

	Dentro de la reserva	Fuera de la reserva
Cantidad de arbustos	𝍷𝍷	𝍸 𝍷𝍷

Exploremos las matemáticas

Observa la siguiente tabla para ver cuántos arbustos de cornejo cuenta el Sr. Brown dentro y fuera de la reserva.

a. Elabora una **tabla de frecuencia** que muestre en cantidades cuántos arbustos de cornejo cuenta el Sr. Brown.

b. Elabora un gráfico de barras para mostrar estos datos.

Datos de animales

Datos de venados

Luego, el Sr. Brown recopila datos sobre los venados dentro y fuera de la reserva. Los venados fuera de la reserva se cazan dos veces al año. Pero los venados dentro de la reserva no se cazan.

El Sr. Brown además estudia lo que comen los venados. Los venados comen pasto, pequeños árboles y arbustos. Ellos disfrutan comer los brotes de las plantas.

¿Invasión de animales?

El Sr. Brown observa los datos hasta el momento. En la reserva, hay más venados que comen plantas. Esto deja grandes áreas de tierra despejada. La tierra despejada permite que otros animales se muevan dentro de la reserva, y algunos de estos animales cazan aves.

El Sr. Brown elabora un diagrama de flujo para mostrar el problema.

Datos de insectos

El Sr. Brown luego recopila datos sobre insectos. Estudia áreas dentro y fuera de la reserva. Cuenta la cantidad de lugares donde hay huevos de insectos. Luego, cuenta la cantidad de insectos que ve.

EXPLOREMOS LAS MATEMÁTICAS

Estos son los datos recopilados por el Sr. Brown.

Datos de insectos

	Cantidad de lugares donde hay huevos de insectos	Cantidad de insectos
Área A	15	45
Área B	41	65

Elabora 2 gráficos de barras. El primero debe mostrar la cantidad de lugares donde hay huevos de insectos en el Área A y en el Área B. El segundo debe mostrar la cantidad de insectos que hay en estos lugares.

El Sr. Brown concluye que hay menos huevos de insectos en la reserva. No hay suficientes plantas donde los insectos puedan poner huevos. Pero la cantidad de insectos en la reserva no es tan baja como podría serlo, ya que hay menos aves para comer insectos. Esto significa que la falta de vida vegetal para los huevos de insectos es una gran parte del problema. ¡Las aves no tienen suficiente para alimentarse!

Predicciones para problemas

El Sr. Brown observa los datos. Demasiados venados se comen las plantas en la reserva. Comen las plantas pequeñas que las aves usan como alimento. Los insectos ponen los huevos sobre estas plantas también. La tierra despejada también significa que otros animales llegan a la reserva y se comen las aves.

Algo debe hacerse sobre la cantidad de venados en la reserva. Pero el Club de la Naturaleza de Mainsville no quiere que se cace el venado.

¡Los venados se mudan!

El club quiere que las aves de la reserva vivan de manera saludable. Los entomólogos también quieren que los insectos vivan de manera saludable. Por ello, muchos de los venados se capturan. Luego, se llevan a otra área del bosque.

Gracias a la investigación y los datos del Sr. Brown, la vida silvestre en la reserva de Mainsville se desarrollará con más fuerza.

¡Salvemos las aves!

Jacinta tiene un cornizo florecido en su jardín trasero. Le encanta mirar las hermosas aves que llegan a comer las bayas. Su vecino, el Sr. Hodges, quiere que Jacinta corte el árbol porque las bayas caen en su jardín.

Jacinta sabe que al Sr. Hodges también le gusta observar las aves. Ella decide contar la cantidad de aves para poder elaborar un gráfico que muestre cuántas aves dejarían de visitar sus patios si cortara el árbol. Cree que esto convencerá al Sr. Hodges para que le permita dejar el árbol.

Aves en el árbol

Día de la semana	Cantidad de aves
Lunes	𝍸 𝍸 𝍸 ||
Martes	𝍸 𝍸 𝍸 ||||
Miércoles	𝍸 𝍸 𝍸 𝍸
Jueves	𝍸 𝍸 𝍸 |||
Viernes	𝍸 𝍸 𝍸 𝍸 ||
Sábado	𝍸 𝍸 𝍸 ||
Domingo	𝍸 𝍸 𝍸 |

¡Resuélvelo!

a. Dibuja una tabla de frecuencia para mostrar la cantidad de aves (en números) que visitan el árbol cada día de la semana.

b. Usa los datos de la tabla para dibujar el gráfico que Jacinta elabora para mostrar al Sr. Hodges.

c. Escribe 3 preguntas sobre el gráfico.

Glosario

asilvestrados: animales domésticos que se han vuelto salvajes

cadena alimentaria: diagrama que muestra cómo se transmite energía (alimento) de un organismo a otro; las flechas muestran la dirección del flujo de energía

compara: observa las características de dos o más cosas para ver en qué se parecen o diferencian

concluye: decide

contaminación: acción y efecto de ensuciar el ambiente con basura, desechos, etc.

ecosistemas: sistemas de seres vivos que interactúan con sus ambientes

entomólogos: científicos que estudian los insectos

especies: grupo de animales o plantas con características similares

guardia: persona cuyo trabajo es cuidar un parque o un área pública

precisa: correcta

predicciones: cosas que se dice que sucederán en el futuro en función de observaciones y experiencias

prohibir: detener algo por orden oficial

protegidos: que no deben ser dañados

revisa: vuelve a observar o mostrar

tabla de frecuencia: cuadro que muestra un grupo de eventos y la frecuencia en que ocurren los eventos

Índice

RESPUESTAS

Exploremos las matemáticas

Página 6:

Año	2002	2003	2004	2005	2006	2007	2008
Peces capturados	34	30	26	20	15	9	4

Página 10:

a. arroyo Wattle: 12 °C; arroyo Luke: 13 °C; arroyo Chattel: 11 °C; arroyo Claymont: 12 °C

b.

Arroyo	Temperaturas promedio de mayo
arroyo Luke	13 °C
arroyo Wattle	12 °C
arroyo Claymont	12 °C
arroyo Chattel	11 °C

Página 18:

a. Entre 2005 y 2006

b. Alrededor de 55

c. No

d. Alrededor de 44

Página 22:

a.

	Cantidad de arrowwoods
Dentro de la reserva	2
Fuera de la reserva	7

b.

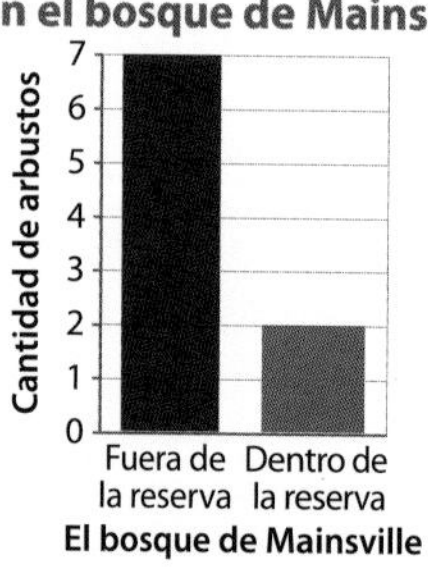

Página 25:

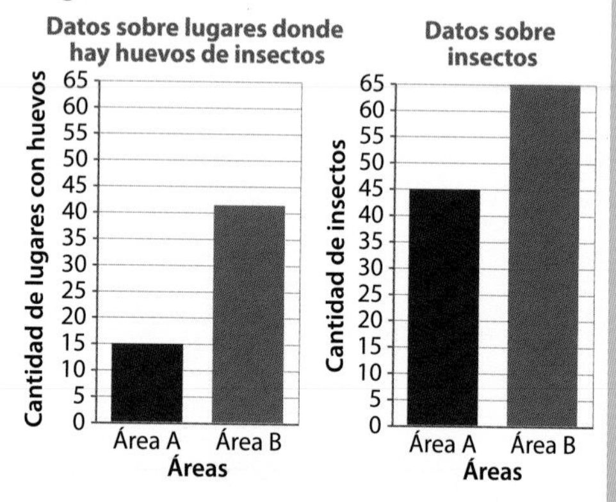

Actividad de resolución de problemas

a.

Día de la semana	Cantidad de aves
Lunes	17
Martes	19
Miércoles	20
Jueves	18
Viernes	22
Sábado	17
Domingo	16

b.

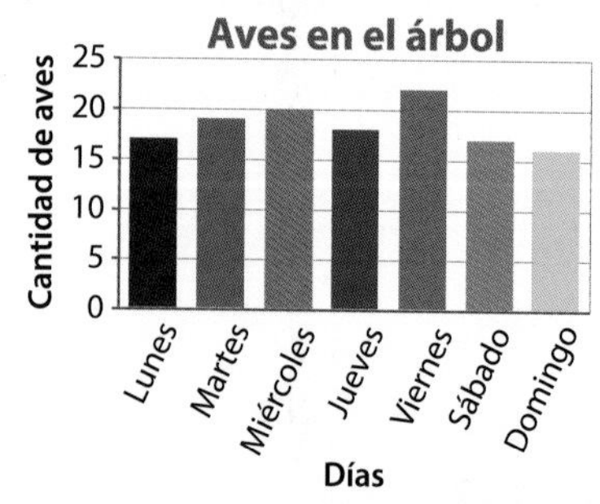

c. Las preguntas con gráficos variarán.